AF248086

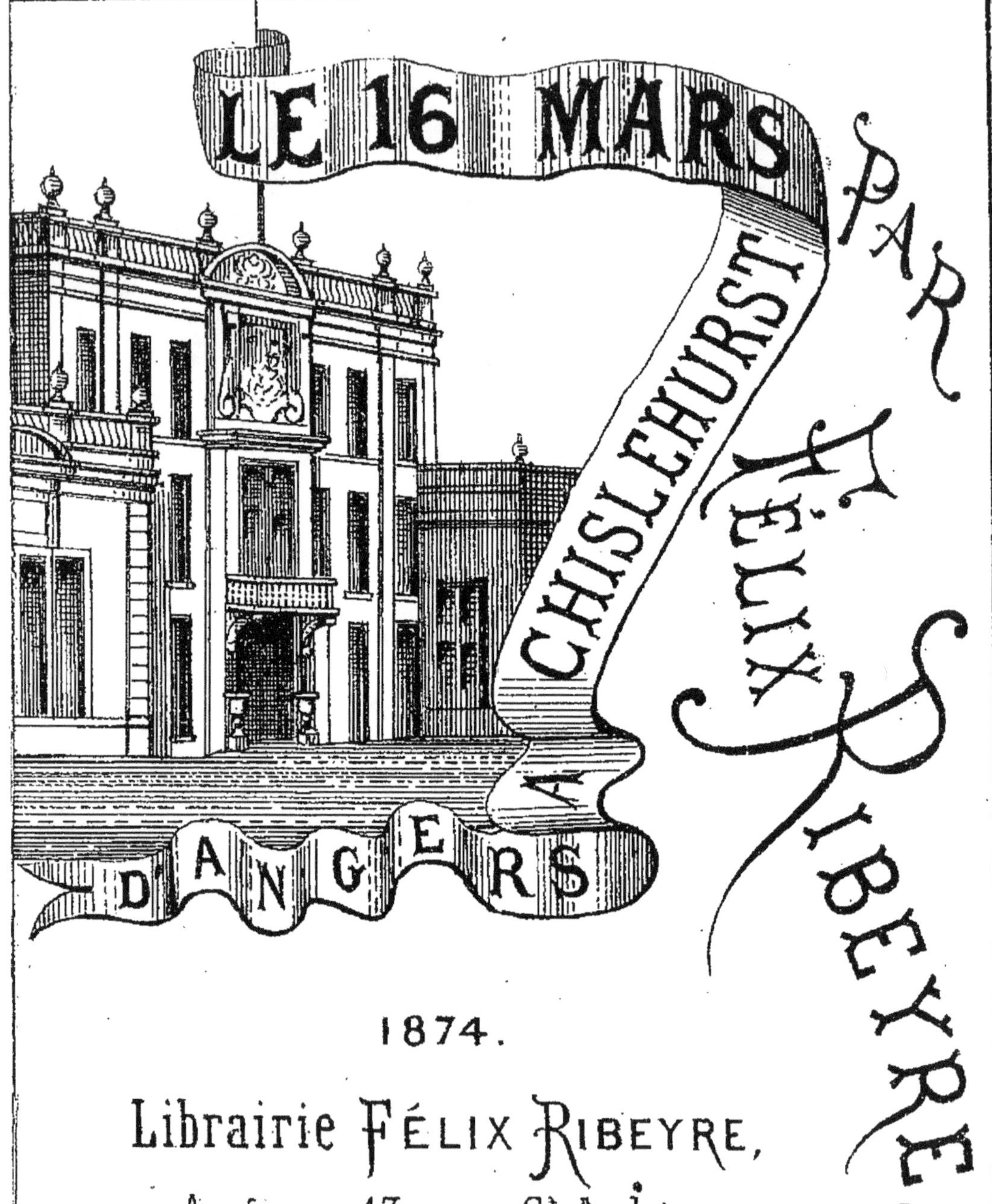

LE 16 MARS
A CHISLEHURST
PAR FÉLIX RIBEYRE
DANGERS
1874.
Librairie FÉLIX RIBEYRE,
Angers, 43, rue St Aubin.

LE 16 MARS

(D'ANGERS A CHISLEHURST)

PAR

Félix RIBEYRE

Directeur du JOURNAL D'ANGERS.

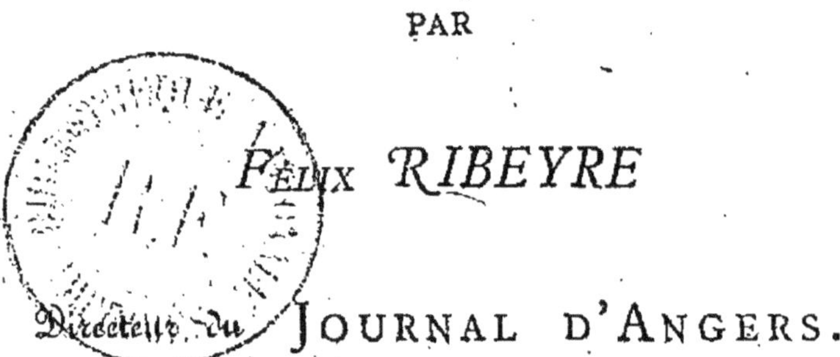

ANGERS,

LIBRAIRIE FÉLIX RIBEYRE, 43, RUE SAINT-AUBIN.

—

1874.

LE 16 MARS

CHAPITRE Ier.

LE DÉPART.

Nous partions le jeudi 12 mars d'Angers pour aller à Chislehurst saluer de nos témoignages de fidélité et de dévouement la majorité du Prince Impérial.

A peine avions-nous mis le pied dans la gare que des voix amies nous appellent, et nous voilà installé dans un compartiment rempli de voyageurs pour Chislehurst : Ernest Merson, de Nantes, le vaillant directeur de l'*Union bretonne*, qui vient de soutenir avec tant de talent et de succès de loyauté une polémique avec Mgr l'évêque de Poitiers, M. Ivan de Vœstyne, un journaliste parisien, ardent bonapartiste qui a quitté l'épée pour la plume, et plusieurs autres.

Avons-nous besoin de dire que la conversation fit trouver le temps court? Chacun apporta sa part de nouvelles et d'informations, même d'anecdotes. Ceux qui avaient déjà eu la joie de visiter les hôtes augustes de Chislehurst, racontèrent leurs impressions et leurs souvenirs. Enfin l'on parla de tout même de la fameuse interdiction faite aux officiers généraux de se trouver en Angleterre à la date *séditieuse* du 16 mars. C'est un joyeux pendant à la circulaire du duc de Broglie.

Mais nous voilà au Mans. De nouveaux amis viennent accroître le nombre des voyageurs pour l'Angleterre et il en est ainsi à chaque station. Au groupe des journalistes de la région de l'Ouest vient s'adjoindre notre excellent confrère M. Mallet, rédacteur en chef de la *Sarthe*, qui a trouvé en dehors de ses labeurs de polémiste le temps d'écrire deux ouvrages très-remarquables sur la guerre de 1870 : *les Prussiens au Mans* et *une ville sous l'invasion Prusienne*. Si cela continue, la touchante fête du 16 mars 1874 ne manquera pas d'historien.

Par le même train partait aussi pour Chislehurst M. Beaudeloc, ancien sous-préfet de l'Empire qui publie dans la *Sarthe* des *Propos d'un bourgeois du Mans* fort remarqués.

A quatre heures, on entre en gare de Montparnasse ; chacun se serre la main et l'on se donne rendez-vous pour le lendemain matin à la gare du Nord.

*
* *

Le lendemain vendredi, à 7 heures 35 du matin, la foule se pressait au guichet du train de Paris à Londres par Calais. Les journalistes sont nombreux et l'on se désigne les notabilités politiques qui vont porter à la famille Impériale l'hommage de leur affection dévouée. Nous remarquons entr'autres M. le comte de Niewerkerke, ancien surintendant général des Beaux-Arts, dont la belle tête expressive avec sa grande barbe blanche et ses cheveux rejetés en arrière a un cachet remarquable de distinction artistique ; M. Dugué de la Fauconnerie, ancien député, l'éminent directeur de l'*Ordre*, si fidèle à ses convictions ; un prêtre décoré, M. l'abbé Cadoret du Chapitre de Saint-Denis, et d'autres que nous retrouverons à Chislehurst.

*
* *

Le train file. Dans notre compartiment nous nous trouvons près de notre vieil ami M. Lachaud, l'intelligent éditeur des principales publications bonapartistes : *Lès Œuvres posthumes de Napoléon III*, *le Quatrième Napoléon*, par Léonce Dupont, le *lendemain du 4 septembre*, par M. Auguste Vitu, un livre des plus curieux qui vient de paraître. M. Lachaud apporte au Prince Impérial un exemplaire splendide du *Quatrième Napoléon* et la première livraison de la magnifique et nationale publication : l'*Histoire populaire illustrée de l'Empereur Napoléon* III, par MM. Granier de Cassagnac et Paul de Cassagnac. Nous parcourons avec avidité le début de ce grand ouvrage qui, avant même de paraître, compte plus de trois mille souscripteurs. C'est une œuvre magnifique, ornée à la première page d'un superbe portrait photographique de notre Empereur regretté. Le texte est accompagné presque à chaque page de belles gravures sur bois. En tête de la première livraison Paul de Cassagnac a écrit une préface éloquente. C'est une page remarquable, comme tout ce qui sort de la plume du courageux rédacteur en chef du *Pays*. Il y a surtout une citation de la reine Hortense qui est d'une actualité saisissante.

** **

Mais pendant que nous examinons le beau livre édité par MM. Lachaud et Burdin, le train file comme une flèche à travers la campagne blanche de neige, car toute la France ne jouit pas d'une température aussi clémente que celle qui laisse fleurir en pleine terre les camélias de l'Anjou.

L'arrivée à Amiens est attendue avec impatience par nos estomacs affamés. Hélas ! c'est à peine si nous avons 12 minutes d'arrêt pour engloutir le classique rosbeaf aux pommes. Mais les batailles les plus courtes ne sont pas les moins meurtrières, et nous pouvons affirmer que pendant ce petit quart d'heure il y a eu un terrible carnage dans le buffet d'Amiens. Il est vrai que les frais de la lutte ont été assez salés.

Les tiraillements de la faim satisfaits, les préoccupations de la traversée sont venues assaillir les voyageurs peu familiarisés avec les caprices de la mer. Chacun tremble de faire mauvaise figure devant nos voisins les Anglais, et l'on interroge le ciel et la terre pour pressentir les dispositions de l'onde perfide. L'un des hôtes du compartiment obtient un grand succès en prophétisant, d'après l'examen d'une petite flaque d'eau bien calme, que les flots de l'Océan ne sont point en courroux ; et chacun de rire ; mais personne n'est bien rassuré, et les plus braves tâtent leur poche, pour s'assurer si elle renferme le flacon de cognac destiné à calmer les angoisses d'un cœur en détresse.

*
* *

Enfin nous voilà à Boulogne ; le temps est

superbe, et la mer, au dire des gens expérimentés, ne s'annonce pas sous un aspect inquiétant. Les actions de notre ami qui a lu notre histoire dans la petite flaque d'eau montent d'heure en heure et promettent de faire prime.

A Calais, le train stationne quelques minutes, et l'on interroge anxieusement les indigènes. Les renseignements sont excellents. La mer est douce comme un mouton. Les visages s'illuminent et la conversation retrouve sa gaieté. On remonte en wagon, et quelques minutes après le train s'arrête. Le bateau est là, à nos pieds, qui nous attend.

Après avoir stationné quelques minutes devant le garde-fou qui ne laisse qu'un étroit passage, chacun descend l'escalier, assez rapide. On franchit la passerelle, et nous voici sur le bateau. On se case le mieux possible : les plus braves montent sur le pont, les plus inquiets ne savent s'ils doivent monter ou descendre. Et en attendant le départ du bateau, on va s'amuser à voir descendre les bagages sur un plan incliné. Les malles volent, les cartons à chapeaux ont des ricochets des plus amusants, les sacs de voyage suivent le même chemin, et tout cela s'organise à la vapeur et forme, en quelques minutes, une montagne de bagages.

On ne nous avait pas trompés : la mer est excellente et il faut avoir le *caractère* bien mal fait pour ne pas se montrer un vrai français devant la nation anglaise qui nous regarde.

Le capitaine, un homme excellent, décoré de la Légion d'honneur, cause affectueusement avec nous et nous garantit une traversée superbe. Plus heureux que nos devanciers, les voyageurs qui se sont embarqués hier, nous aurons un trajet qui sera une véritable partie de plaisir.

Pour comble de satisfaction, nous avons la chance de voyager, nous pélerins en route pour Chislehurst, sur un bateau qui s'appelle le *Prince* (l'ancien *Prince Impérial*), un marcheur excellent, le meilleur peut-être de la compagnie, se conduisant admirablement à la mer. Le brave marin qui me donnait ces détails me disait dans le langage poétique et pittoresque du vieux loup de mer : « C'est une petite *nymphe* qui glisse sur la vague et n'a ni roulis ni tangage. »

Et c'était vrai ; en une heure et demie nous avons fait la traversée de Calais à Douvres et nous avons, à notre grande joie, mis le pied sur le terrain solide. Nous sommes bien en Angleterre, car voici deux militaires en jacquette rouge écarlate et une baguette à la main qui assistent au débarquement et, sur la plateforme au milieu de l'escalier, se tient digne et calme, un magnifique policeman, avec sa longue redingote et son casque noir, tout prêt à vous rendre service, car s'il est le représentant de l'ordre, il est surtout la personnification de l'obligeance. Les étrangers qui visitent l'Angleterre en savent quelque chose.

CHAPITRE II.

PREMIÈRE VISITE A CHISLEHURST.

En entrant à Douvres, nous venions de mettre le pied sur le sol hospitalier de l'Angleterre, dont la conduite vis-à-vis de la famille Impériale est si admirablement sympathique. La France ne l'oubliera pas, et tous les Français qui sont venus fêter le 16 mars, sont profondément touchés de cette attitude si digne de la population anglaise.

Le train rapide qui nous emportait vers Londres nous montrait la campagne verdoyante et cultivée avec un soin remarquable. C'est à peu près l'aspect de la Normandie, mais chaque champ, chaque parcelle de terrain est soignée, *peignée*, pour ainsi dire, comme un parterre. Au printemps, cette contrée doit être ravissante.

La ligne passe devant la résidence impériale et Chislehurst est une petite station. On pense combien était vive notre impatience d'apercevoir le modeste cottage où est mort notre Empereur regretté et où grandit le jeune Prince, espoir de la France. Au moment d'atteindre cette station toutes les têtes étaient aux portières et les voyageurs anglais n'étaient pas les moins empressés à chercher du regard Camden Place qui apparaît sur une hauteur, à quelques pas de la station de Chislehurst. La situation de la villa impériale est charmante et le paysage qui l'entoure ravissant.

*
* *

Nous passerons brièvement sur les incidents de l'arrivée à Londres et les détails de l'installation. Il faudrait plusieurs pages pour raconter les étonnements, les surprises, les mille impressions qui viennent assaillir les nouveaux venus dans cette immense ville où tout diffère des habitudes françaises. D'ailleurs beaucoup de touristes ont décrit, et beaucoup mieux que nous ne pourrions le faire, la physionomie de Londres. Contentons-nous de mentionner que le *cab* qui nous transportait à l'hôtel nous faisait traverser de larges et magnifiques rues pavoisées de drapeaux, d'oriflammes, de fleurs, et de banderoles. C'était la décoration en l'honneur du retour à Londres du duc et de la duchesse d'Edimbourg. La nuit commençait à venir et les illuminations donnaient à la ville un aspect féerique et un air de fête qui correspondait avec les sentiments de bonheur et de joie des visiteurs pour Chislehurst.

*
* *

On sait que la manifestation en l'honneur de la majorité du Prince Impérial était fixée au lundi 16 mars. Néanmoins, dans l'après-midi du dimanche, des centaines de voitures se sont dirigées vers la gare de Charing-Cross dans le but de se rendre à Chislehurst. On n'espérait pas être reçu par les hôtes augustes de Camden Place ; mais tous ces pélerins de la fidélité et du dévouement, venus de tous les points de la France, avaient hâte de voir ce petit village dont on ne peut prononcer le nom sans émotion, cette résidence qui abrite tant de souvenirs touchants et tant d'espérances patriotiques.

A peine a-t-on mis le pied dans la gare de Charing-Cross que de tous côtés on aperçoit des figures de connaissance et que des mains amies se tendent vers vous. L'Anjou n'est pas absent. Voici M. et Mme des Varannes, nos excellents amis Louis et Ambroise Janvier de la Motte; M. et Mme Berger sont aussi à Londres. A Camden Place nous allons retrouver M. le comte et Mme la comtesse de la Poëze, M. de Rouvre, ancien préfet de Maine-et-Loire, beaucoup de Nantais, M. Gaudin, conseiller général, ancien député, notre excellent confrère Ernest Merson, un de nos aimables compagnons de voyage, M. Auguste Chénard, M. Chandonné; nous serrons la main à M. Gustave Rouher, l'ancien secrétaire du grand ministre de l'Empire, à M. Janvier de la Motte toujours adoré des habitants de l'Eure, dont une députation très-nombreuse se rend à Chislehurst par ce train et va être présentée à l'Impératrice et au Prince Impérial par l'ancien et sympathique préfet de l'Eure.

*

* *

Le train est énorme. En une demi-heure nous atteignons Chislehurst. On traverse la petite gare sur laquelle flotte, par une attention bien touchante de nos voisins, le drapeau tricolore de la France et on arrive au petit chemin montant qui conduit à la villa impériale. L'émotion allait croissante à mesure que l'on approchait de Camden Place. Le temps était magnifique, les oiseaux chantaient dans les arbres des frais cottages qui bordent la route. On s'avançait par petits groupes, lentement, car la montée est assez rapide et les regards impatients cherchaient la modeste maison vers laquelle se tournent tant de vœux et d'espérances. Devant nous marchaient, causant avec son fils, M. Lachaud, l'éminent avocat, dont la physionomie pétille d'esprit et de finesse et qu'une cause est fière de compter parmi ses éloquents défenseurs.

Au sommet de la côte, on passe sous la voûte d'une petite construction pittoresque et aussitôt on aperçoit la grille dorée de Camden Place et le parc de la villa. La porte est toute grande ouverte, quelques personnes réunies devant la petite maisonnette du concierge nous saluent, et nous voici en face la résidence de S. M. l'Impératrice et du Prince Impérial.

*
* *

Camden Place si souvent représenté par la photographie et les gravures des journaux illustrées est une habitation très-modeste ; mais d'un cachet particulier et d'un style tout à fait anglais. La façade est plate et presque sans ornement. Le corps principal est flanqué de deux bâtiments moins élevés dont les larges fenêtres laissent apercevoir l'élégante décoration à gauche du salon et à droite de la salle à manger.

Le vestibule très-petit est tout en vieux chêne noir d'un goût exquis et admirablement travaillé. Puis on pénètre dans une galerie éclairée par le haut et formant salon.

Tout cela, nous le répétons, est petit comme espace ; mais en revanche la décoration est d'un goût parfait et très-artistique.

*
* *

Chacun se serre pour tenir le moins de place possible, car la foule des visiteurs a fait la boule de neige et nous sommes très-nombreux. On cause de la fête de demain, du discours du Prince. M. Granier de Cassagnac qui a reçu quelques confidences bien dues à son dévouement nous assure que le discours impérial renfermera des déclarations importantes, nettes et précises. On sait aujourd'hui qu'il était bien renseigné.

Craignant de déranger le Prince qui était en conférence avec M. Rouher et d'autres notabilités politiques, — il n'y avait pas moins à Camden Place de 16 à 18 anciens ministres — beaucoup de visiteurs se disposaient à se retirer, lorsque Son Altesse nous fit dire qu'elle voulait nous voir et que nous serions également reçus par l'Impératrice. En effet, quelques instants après S. M. l'Impératrice et le Prince Impérial arrivaient dans le grand salon et les présentations commençaient.

**
* **

Jamais nous n'oublierons ce moment. La cordialité, la bonté du Prince, sa voix pénétrante et douce vous remuent jusqu'au fond du cœur. Il a reçu de son auguste Père ce charme fascinateur qui séduit même les esprits hostiles, et qui enflamme les cœurs dévoués. Son Altesse a daigné nous remercier de notre œuvre, qu'il connaît bien, en des termes que nous ne saurions redire ici, mais qui ne sortiront jamais de notre mémoire.

Puis nous voilà devant S. M. l'Impératrice qui, souriante et avec une bonté sans égale, a bien voulu nous remercier aussi de notre concours et de notre fidélité à la cause napoléonienne. On ne peut se faire une idée de la grâce exquise, affectueuse avec laquelle S. M. l'Impératrice accueille les personnes qui lui sont présentées. Sa mémoire évoque avec un à-propos admirable les souvenirs qui intéressent chaque visiteur. En voyant autour de la Famille Impériale tant de dévouements et tant d'affections, l'auguste veuve de Napoléon III ne cachait pas son émotion. Le bonheur se lisait sur sa figure si admirablement belle, dans sa bonté séduisante.

En même temps que nous, l'Impératrice et le Prince Impérial ont reçu nos amis Louis et Ambroise Janvier de la Motte, M. et Mme des Varannes-Hamelin, et tous ont emporté de leur accueil un sentiment profond de joie et de reconnaissance.

CHAPITRE III.

LA JOURNÉE DU 16 MARS.

C'est de la grande journée du 16 dont nous avons à parler, de cette journée qui marquera une date mémorable dans les annales napoléoniennes.

Le temps, qui a favorisé d'une façon excep-

***

tionnelle les fêtes de la majorité du Prince Impérial, était splendide le lundi matin, et le soleil, si rare en cette saison, perçait de bonne heure le brouillard traditionnel de Londres. Il est vrai que la brume a repris le dessus un peu plus tard ; mais la journée a été relativement belle, et rien n'a contrarié la solennelle et enthousiaste manifestation de Chislehurst.

Dès le matin, la plus grande animation régnait aux abords et dans l'intérieur de la gare de Charing-Cross ; mais cette animation n'était ni bruyante, ni tumultueuse. Les voitures se croisent, se coupent, s'entremêlent sans se heurter. Les cochers, perchés derrière le *cab*, se comprennent par gestes, et le manche du fouet devient dans leur main une sorte de bâton de tambour-major qui leur permet de s'entendre sans se parler. C'est à la fois très-original et très-commode.

Dans l'immense gare, les trains directs pour Chislehurst se suivaient sans interruption. Dès qu'un convoi était formé, il était emporté par la vapeur, et un autre s'organisait immédiatement. On aurait dit que toutes les autres préoccupations de la vie anglaise, cependant si active, s'effaçaient devant le grand événement de Camden Place.

Aussi, dans le parcours de Londres à Chislehurst, toutes les conversations se portaient sur la famille impériale, qui est véritablement adorée en Angleterre. Un Français, domicilié à Londres, nous racontait qu'à l'époque des funérailles de l'Empereur, un individu, qui se trouvait dans le même compartiment que lui, ayant prononcé quelques paroles injurieuses pour la mémoire de Napoléon III, fut saisi par un Anglais qui ouvrit la portière et le lança sur le quai de la station que l'on venait d'atteindre. L'individu ainsi expulsé était Vermesch, le communard. Loin de se plaindre, il prit sa course au grand galop.

*
* *

A la station de Chislehurst, beaucoup de monde et de mouvement. Un nombre immense de voitures de louage attendent les voyageurs qui ne veulent pas monter la côte à pied. Des policemens calmes et vigilants maintiennent l'ordre, et la foule des pélerins s'achemine vers la résidence impériale.

Bien avant d'atteindre la villa, on aperçoit le drapeau tricolore qui flotte sur Camden Place. La foule est considérable. Beaucoup d'Anglais sont venus en voiture, non point dans l'espoir de pénétrer dans le parc, mais pour assister à l'arrivée des Français. Des marchands de journaux vendent le *Gaulois*, *le Pays*, *l'Ordre*, *le*

Figaro. D'autres marchands nous offrent une image en relief du tombeau de l'Empereur.

Devant la grille les visiteurs se pressent pour entrer ; mais la consigne est formelle ; personne n'est admis s'il n'est porteur d'une carte aux armes du Prince Impérial signée et numérotée. Ce contrôle exécuté rigoureusement par les policemens prend un peu de temps, néanmoins nous pénétrons dans le parc où sont déjà arrivées de nombreuses députations et une immense affluence de visiteurs ; il y a des dames, mais en petit nombre, en revanche les notabilités politiques affluent. Anciens ministres, sénateurs, députés, membres de l'Assemblée nationale, anciens préfets en très-grand nombre, fonctionnaires de tout ordre, écrivains, sont venus apporter au Prince Impérial l'hommage de leur fidèle dévouement. Quant aux députations, il en est arrivé de tous les points de la France, et on me montre un brave homme qui est venu des Pyrénées à Chislehurst *à pied ;* il a mis dix jours pour accomplir ce patriotique voyage et avoir le bonheur de serrer la main au Prince Impérial. Dans un groupe nous remarquons un oriflamme brodé d'or, sur lequel on lit ces mots :

A la mémoire de Napoléon III .
DES CŒURS RECONNAISSANTS
Qui se souviennent et espèrent !

Une autre députation porte un splendide drapeau tricolore sur lequel sont brodées les armes impériales, chef-d'œuvre d'art et de travail.

*
* *

Comme on le sait, cette grande journée du 16 mars devait s'ouvrir par un acte pieux dans l'église de Chislehurst. Mais ce petit sanctuaire n'a pu contenir que la famille Impériale et les hauts personnages qui l'accompagnaient. Un certain nombre de personnes s'étaient groupées dans le modeste cimetière qui entoure l'église, mais l'immense quantité des visiteurs ne peut approcher et reste sur la route qui conduit de l'église à Camden Place. La cérémonie religieuse a été relativement courte. L'arrivée et le départ de l'Impératrice et du Prince Impérial ont été salués par des vivats enthousiastes. Le Prince Impérial ayant reçu à l'entrée de l'église une branche du marronnier du 20 mars vient pieusement la déposer sur le tombeau de l'Empereur. L'abbé Goddard prononça un touchant panégyrique de l'Empereur.

*
* *

Dans le parc de Camden Place, le nombre des

visiteurs allait croissant. Il y avait d'après des données authentiques près de huit mille personnes groupées dans les allées et sur les vastes pelouses de la résidence impériale, attendant la sortie du Prince qui devait se rendre avec l'Impératrice sous la tente où devaient être prononcés les discours.

En effet, M. le vicomte Clary, aide-de-camp du Prince Impérial, vient prévenir que le Prince va sortir et aussitôt une double haie se forme, laissant un passage libre. Bientôt le Prince apparaît donnant le bras à l'Impératrice. Aussitôt les bravos et les acclamations éclatent avec un enthousiasme indescriptible. On se presse, on s'approche pour mieux voir le Prince qui salue avec une grâce charmante. L'Impératrice n'est pas moins émue que son fils de cet accueil dont on ne peut rendre l'impétueuse sympathie. Les yeux se mouillaient, les mains s'agitaient et de tous les cœurs partaient les cris de vive le *Prince Impérial*, vive l'*Impératrice !* vive... ! (On devine le mot que nous nous abstenons d'écrire.) Les Princes Murat et le Prince Lucien Bonaparte accompagnaient l'Impératrice et le Prince Impérial.

Arrivés non sans peine sous la tente, le Prince et sa mère prennent place sur l'estrade entourés des anciens ministres, MM. Rouher, qui la veille à la salle de Willis Rooms où l'on s'était réuni pour la distribution des cartes et connaître le programme de la journée reçut une véritable ovation de la part de tous les français, marquis de La Valette, Pinard, Busson-Billault, Mège, Léon Chevreau, etc. On remarque aussi Mme la maréchale Canrobert, Mme et Mlle Rouher, Mme la marquise de La Valette, Mme Fleury, enfin les principales notabilités de la Cour Impériale.

*
* *

Le duc de Padoue chargé d'adresser un discours au Prince Impérial, le fit en termes sages et dignes, et à diverses reprises, les bravos vinrent lui prouver qu'il était l'interprète fidèle de cette nombreuse assistance.

Voici ce discours :

MONSEIGNEUR ,

Notre premier hommage était dû à l'Empereur. La prière nous a réunis autour de son tombeau ; nous nous sommes rappelé cette grande âme, à laquelle les rang suprême n'avait enlevé aucune de ses exquises délicatesses et que l'infortune avait laissée noble et sereine.

Oublieux des ingratitudes, dédaigneux des haines, l'Empereur n'a jamais, après tant de désastres subis,

fait tomber une seule parole amère de ses lèvres at-
tristées.

Nous qui l'avons connu, nous l'avons bien aimé, Monseigneur, et cette affection est notre premier lien avec vous, qui portez si haut les sentiments de la piété filiale.

Des divers points du territoire nous nous sommes donné rendez-vous au jour anniversaire de votre nais-sance; ceux qui n'ont pu venir vous ont adressé les témoignages de leur fidélité.

Permettez-moi, Monseigneur, de préciser en peu de mots le caractère vrai de cette réunion.

Les partis de France propagent leurs doctrines et cherchent à en hâter le triomphe; nous ne pouvions garder le silence : la cause impériale occupe une trop grande place dans le pays.

Résolus à ne pas franchir les limites de la loi, nous avons le droit de rappeler le passé, de nous interroger sur les aspirations de notre patrie et de proclamer nos croyances devant le représentant d'une dynastie qui, en ce siècle, a occupé le trône pendant plus de trente années.

Il y a dix-huit ans, Monseigneur, le peuple français acclamait votre naissance; l'Europe réunie au congrès de Paris, s'associait à ses joies et à ses espérances. Vous receviez le titre d'Enfant de France.

Aujourd'hui si la tempête n'avait pas arrêté le cours de la volonté nationale, les constitutions de l'Empire remettraient entre vos mains les destinées du pays.

Au contraire, depuis trois années, les tentatives pour constituer un gouvernement définitif naissent et meurent dans l'impuissance. La nation, tout en se confiant à la loyauté du maréchal de Mac-Mahon, qui a la garde temporaire de ses intérêts, est inquiète sur son avenir, et l'activité nationale est en souffrance.

La sécurité ne peut être reconquise que par la loyale et libre expansion de la volonté de tous s'imposant au patriotisme de chacun.

Quel gouvernement choisira le suffrage universel exerçant son indiscutable souveraineté ?

La France est démocratique, mais elle veut l'ordre et l'autorité. La république n'a jamais été pour elle qu'une intermittence ou une transition ; elle ne lui a été imposée que par la terreur, une insurrection triomphante, ou un attentat commis sous les yeux et au profit de l'ennemi.

La dynastie des Napoléon a été choisie dans les rangs du peuple, pour représenter et garantir les intérêts et les droits de notre société moderne. Fondée, relevée, soutenue par d'innombrables suffrages, elle est l'élue, non d'une classe, mais de la nation entière.

Ce sont là vos titres, Monseigneur, et cette nation qui les a écrits de sa main ne saurait les oublier.

Ceux qui la disent versatile et révolutionnaire la calomnient. Sans doute les surfaces sont facilement agitées par les vents contraires, et notre sort n'a été que trop de fois à la merci de l'émeute.

Mais la foi politique du peuple est comme sa reli-
gion : elle n'est un instant courbée par l'orage que
pour se relever plus ardente et plus fière. Nous sommes nombreux autour de vous, Monseigneur, mais
mille fois plus nombreux sont ceux qui sur la terre
française célèbrent le 16 mars par leurs vœux et leurs
prières.

Attendez donc avec confiance. Personne n'arrêtera
le courant national ; vivez les heures de l'exil dans le
recueillement et le travail, entouré des tendresses d'une
mère dont le courage et la patriotique abnégation ont
marqué la noble place dans l'histoire : mais soyez prêt
pour les desseins de la Providence.

Le Prince Impérial se lève à son tour et aussitôt le silence se fait. Il est calme et sa voix à
la fois vibrante et douce porte au loin avec une
netteté admirable.

Voici le texte de cette mémorable allocu-
tion :

« MONSIEUR LE DUC,

» MESSIEURS,

» En vous réunissant ici aujourd'hui, vous
» avez obéi à un sentiment de fidélité envers le
» souvenir de l'Empereur, et c'est de quoi je
» veux d'abord vous remercier. La conscience
» publique a vengé des calomnies cette grande

» mémoire et voit l'Empereur sous ses traits
» véritables.

» Vous qui venez des diverses contrées du
» pays, vous pouvez lui rendre témoignage ;
» son règne n'a été qu'une constante sollici-
» tude pour le bien de tous, sa dernière jour-
» née sur la terre de France a été une journée
» d'héroïsme et d'abnégation.

» Votre présence autour de moi, les adresses
» qui me parviennent en grand nombre attes-
» tent combien la France est inquiète de ses
» destinées futures : l'ordre est protégé par
» l'épée du duc de Magenta, ancien compagnon
» des gloires et des malheurs de mon père. Sa
» loyauté nous est un sûr garant qu'il ne lais-
» sera pas exposé aux surprises des partis le
» dépôt qu'il a reçu. Mais l'ordre matériel
» n'est pas la sécurité.

» L'avenir demeure inconnu, les intérêts
» s'en effraient, les passions peuvent en abu-
» ser.

» De là est né le sentiment dont vous m'ap-
» portez l'écho, celui qui entraîne l'opinion
» avec une puissance irrésistible vers un re-

» cours direct à la nation pour jeter les fonde-
» ments d'un gouvernement définitif. Le plé-
» biscite, c'est le salut et c'est le droit, la force
» rendue au pouvoir et l'ère des longues sécu-
» rités rouverte au pays : c'est un grand parti
» national, sans vainqueurs ni vaincus, s'éle-
» vant au-dessus de tous pour les réconcilier.

» La France, librement consultée, jettera-t-
» elle les yeux sur le fils de Napoléon III ? Cette
» pensée éveille en moi moins d'orgueil que
» de défiance de mes forces. L'Empereur m'a
» appris de quel poids pèse l'autorité souve-
» raine, même sur de viriles épaules, et com-
» bien sont nécessaires, pour accomplir une
» si haute mission, la foi en soi-même et le
» sentiment du devoir.

» C'est cette foi qui me donnera ce qui man-
» que à ma jeunesse. Uni à ma mère par la
» plus tendre et la plus reconnaissante affec-
» tion, je travaillerai sans relâche à devancer
» le progrès des années. Quand l'heure sera
» venue, si un autre gouvernement réunit les
» suffrages du plus grand nombre, je m'incli-
» nerai avec respect devant la décision du pays.

» Si le nom des Napoléon sort pour la hui-
» tième fois des urnes populaires, je suis prêt
» à accepter la responsabilité que m'impose-
» rait le vote de la nation.

» Telle est ma pensée : je vous remercie d'a-
» voir parcouru une longue route pour venir
» en recueillir l'expression.

» Reportez aux absents mon souvenir, à la
» France les vœux de l'un de ses enfants :
» mon courage et ma vie lui appartiennent.

» Que Dieu veille sur elle, et lui rende ses
» prospérités et sa grandeur ! »

L'effet produit par cette magnifique allocu-
tion fut immense, la façon dont elle fut dite
en triplait la valeur. Il faut avoir été témoin de
cette scène pour en comprendre le caractère
grandiose et saisissant. Les esprits les plus
fermes étaient émus. Bien des larmes d'atten-
drissement coulaient.

Ainsi, il est impossible de se figurer l'élan
d'enthousiasme qui a éclaté lorsque l'héritier
de Napoléon III a prononcé cette phrase : *Le
plébiscite, c'est le salut et c'est le droit ;* il y a
mis une puissance d'énergie, une fermeté de
conviction, une netteté qui a soulevé un ton-

nerre d'applaudissements et de vivats. La belle pensée sur la journée de Sedan, « cette journée d'héroïsme et d'abnégation ; » la phrase relative au maréchal de Mac-Mahon ; enfin la déclaration si formelle « je suis prêt à accepter la responsabilité que m'imposerait le vote de la nation, » ont produit une impression profonde, et lorsque l'Impératrice et le Prince sont rentrés dans la villa, il y a eu pour les acclamer un enthousiasme unanime. On sentait qu'un grand acte venait de s'accomplir.

*
* *

Encore sous le coup de l'émotion produite par le mémorable discours du Prince, chacun s'est alors dirigé vers les poteaux indicateurs, afin de se grouper par départements pour les présentations. Il fallait, en effet, mettre de l'ordre dans cette réception de huit mille personnes devant être présentées et désignées individuellement à S. A. le Prince Impérial et à S. M. l'Impératrice. Tout s'est passé dans le plus grand ordre et, à son tour alphabétique, le département de Maine-et-Loire a été admis dans le salon des réceptions. Dans notre groupe se trouvaient M. le comte Olivier de la Poëze, ancien chambellan de l'Empereur, et Mme la comtesse de la Poëze, dame d'honneur de l'Impératrice ; M. le marquis de Contades ; M. le vicomte Walsh, ancien chambellan ; M. E. Berger, ancien député, et Mme Berger ; M. et Mme des Varannes-Hamelin ; M. Thoinnet de la Turmelière, ancien député, ancien maire de Liré ; MM. Louis et Ambroise Janvier de la Motte ; M. X. Feuillant, propriétaire ; M. Paul Aubert, de Saumur ; MM. de Rouvre, Porriquet, Besson, anciens Préfets de Maine-et-Loire, M. Blanquart de Bailleul, ancien Préfet et le signataire de ces lignes. Ajoutons que nos amis regrettaient l'absence de nos deux compatriotes MM. Louvet et Segris, anciens ministres de l'Empereur. Il faut que des obstacles bien sérieux les aient empêchés de s'associer à la fête du 16 mars.

Avons-nous besoin de dire que l'accueil fait au groupe de Maine-et-Loire par le Prince et l'Impératrice a été des plus affectueux? Pour tous ils ont trouvé un mot bienveillant et gracieux.

En sortant du salon des présentations, les visiteurs étaient invités à venir prendre part à un *lunch* préparé dans la salle à manger de Camden Place, et dans une vaste tente disposée à cet effet à gauche de la villa.

Ainsi s'est terminée cette belle et heureuse journée, qui a laissé dans tous les cœurs des souvenirs impérissables.

CHAPITRE IV.

VISITE D'ADIEU A CHISLEHURST.

Nous avons essayé, dans le chapitre précédent, de retracer les incidents de la grande et mémorable journée du lundi 16 mars ; mais que de détails, que d'émotions profondes, que de faits touchants n'ont pu trouver place dans un récit nécessairement limité.

Un souvenir entre mille : en quittant Camden Place, le lundi soir, pour rentrer à Londres, nous avons dû attendre pendant quelques instants dans la petite gare de Chislehurst le passage du train. Eh bien ! quelle n'a pas été la joie de tous nos compatriotes en apercevant au-dessus de la cheminée de la salle une décoration emblématique répondant à la pensée de tous. Sur une double banderole blanche ornée de deux drapeaux tricolores, une main habile avait formé avec des feuilles de lauriers ces mots : *Vive le Prince Impérial !* Cette attention sympathique de la part du chef de gare d'une station anglaise ne révèle-t-elle pas combien la famille Impériale est respectée et aimée en Angleterre ?

Du reste, dans la soirée, à Londres, une

autre manifestation plus grandiose est venue encore mettre en évidence les sentiments d'affection du peuple anglais , pour les hôtes augustes de Chislehurst.

Parmi les spectacles les plus en vogue en ce moment à Londres, il faut citer l'Alhambra, immense salle située dans Leicester square. Le soir du 16 mars , une des artistes , une française, assure-t-on, fit son entrée en scène avec un énorme bouquet de violettes au corsage. Elle est saluée par les applaudissements de toute la salle , les Anglais poussent des hourras formidables et des salves répétées de bravos et de cris enthousiastes se prolongent pendant plus d'un quart d'heure. Puis l'orchestre exécute l'air de la *Reine Hortense* qui provoque de nouveaux applaudissements. On parle du flegme britannique, nous pouvons affirmer que ce soirlà, les spectateurs anglais n'étaient ni froids, ni flegmatiques. Jamais nous n'avions vu un auditoire français aussi chaleureux , et si un communard s'était permis de protester contre cette manifestation par un coup de sifflet , il est à croire qu'il serait sorti fort endommagé de la salle de l'Alhambra.

*
* *

Il n'y a pas, dit-on, de belle fête sans lendemain. La journée du mardi devait être, du moins pour beaucoup d'entre nous, un digne complément de la fête de la veille, car ce jour-là ont eu lieu les audiences particulières accordées par l'Impératrice et le Prince Impérial à un certain nombre de visiteurs.

Le cabinet de travail du Prince Impérial est situé au rez-de-chaussée, à droite de la galerie-salon qui s'ouvre au milieu de Camden-House. Ce cabinet, meublé avec une grande simplicité, correspond à peu près au cabinet de travail de l'Empereur, placé à l'étage au-dessus, et dont nous parlerons en racontant notre visite à la Chambre où est mort notre Souverain aimé et vénéré.

C'est M. le vicomte Clary qui, après avoir pris les ordres du Prince, introduisait auprès de lui les visiteurs admis à la faveur d'une audience particulière. M. Clary qui, sous l'Empire, était aide-de-camp du Prince, n'a pas voulu quitter ce poste d'honneur sur la terre d'exil, et n'a pas hésité à donner sa démission de chef d'escadron dans un régiment de cavalerie pour rester fidèle à la famille impériale. Pendant ces jours où tant de fatigues et de préoccupations s'imposaient aux amis de la modeste Cour de Chislehurst, M. le vicomte Clary, ainsi que M. Pietri, secrétaire de S. M. l'Impératrice,

M. Filon, précepteur du Prince Impérial, et quelques autres personnes ont fait des prodiges d'activité et de zèle. Leur obligeance répondait à tout et à tous.

*
* *

On nous croira sans peine lorsque nous avouerons que nous étions fort ému en entrant dans le cabinet du Prince auquel nous avons voué notre foi et notre dévouement absolu ; mais le Prince qui déjà deux fois nous avait accueilli avec la plus grande bienveillance s'avança vers nous, les mains tendues, et nous entretint longuement avec la bonté la plus affectueuse. En recevant le volumineux paquet de cartes et de souvenirs que nous avions mission de lui remettre de la part de tous nos amis de l'Anjou, le Prince nous exprima combien il était sensible à tous les témoignages d'affection qu'il recevait de France et sur sa belle et noble figure on voyait rayonner la foi en son étoile.

Trois ouvrages consacrés à la famille Impériale[1] et dont l'un : *l'Empereur et l'Impéra-*

---

[1] Voici les titres de nos ouvrages :

1° L'Empereur et l'Impératrice en Auvergne. *Récit du voyage de Leurs Majestés dans le centre de la France.* 1 vol. de luxe de 300 pages, grand in-8°. 1863.

trice en Auvergne, a été écrit par nous, il y a douze ans, furent également accueillis avec la plus grande bienveillance par le Prince qui daigna nous remercier de notre œuvre militante pour sa cause et parler du *Journal d'Angers* en des termes qui récompensent et au-delà nos efforts et nos luttes.

Ce qui nous frappa dans ce quart d'heure d'entretien avec notre jeune Prince, c'est la netteté et la maturité de son jugement et le charme séduisant de sa parole. On sent revivre en lui l'Empereur tout entier et, comme celles de l'Empereur, chacune de ses paroles porte et se grave à jamais dans le cœur.

Nous sortîmes du cabinet du Prince Impérial heureux, attendri, pénétré de reconnaissance et, disons-le, plus fort pour notre tâche quotidienne.

.:.

Quelques instants plus tard, grâce à l'exquise

2° Voyage en Lorraine de S. M. l'Impératrice et de S. A. le Prince Impérial, précédé du voyage de l'Impératrice à Amiens. Vol.-album in-folio. Edité par H. Plon, 1867.

3° Voyage de S. M. l'Impératrice en Corse et en Orient. Un beau vol. avec portrait, gr. in-8°. Eug. Pick, éditeur.

complaisance de Mme la comtesse de la Poëze, dame d'honneur de l'Impératrice, et sur la présentation de M. le comte de la Poëze dont les sympathies n'ont jamais fait défaut au *Journal d'Angers*, nous fûmes introduits dans le salon où S. M. l'Impératrice recevait en audience particulière.

Malgré ses vêtements de deuil et malgré le voile de gravité que la douleur semble avoir jeté sur ses traits, l'auguste mère du Prince Impérial a conservé le charme ineffable de sa bonté et c'est avec une bienveillance sans égale qu'elle a daigné nous entretenir de l'Anjou, de nos efforts persévérants et du *Journal d'Angers* qui n'est pas un inconnu à Camden Place, et a l'honneur d'y compter d'augustes lecteurs.

Les cartes et les adresses que nous étions chargés de remettre à S. M. l'Impératrice, lui fournirent l'occasion de nous parler des amis fidèles et des progrès immenses de l'idée napoléonienne. A plusieurs reprises, au moment de prendre congé de Sa Majesté, l'Impératrice nous remercia d'avoir entrepris un long voyage pour venir apporter à Chislehurst le témoignage de notre dévouement.

— C'est un voyage pénible et une grande fatigue, nous dit-elle.

Nous répondîmes à Sa Majesté :

— C'est une grande joie et un grand bonheur.

Et c'est la vérité ! Jamais voyage ne fut plus heureux, plus rempli d'émotions, plus joyeux pour le cœur et plus riche d'espérance.

CHAPITRE V.

VISITE A LA CHAMBRE DE L'EMPEREUR ET A LA CHAPELLE DE CHISLEHURST.

Il n'est pas un des nombreux visiteurs à Chislehurst, qui n'ait tenu à aller s'agenouiller dans l'humble chapelle où repose le tombeau de l'Empereur et à entrer dans la chambre où est mort notre héroïque Souverain.

Cette pièce est située au premier étage de la villa et est éclairée par une large fenêtre ayant vue sur le parc. On y arrive par le grand escalier d'honneur et en suivant un corridor fort étroit sur lequel s'ouvre également le cabinet de travail de Napoléon III.

*
* *

Il est impossible d'exprimer l'émotion qui

vous pénètre lorsqu'on se trouve en face de ce modeste lit de fer sur lequel s'est éteint, après de terribles douleurs, l'élu de la France.

Le lit est complétement recouvert de couronnes et de bouquets de violettes que l'affection et le souvenir renouvellent constamment. Au chevet, fixée au mur, on remarque une magnifique photographie représentant l'Empereur sur son lit de mort.

Rien n'est changé dans la disposition de la chambre de l'Empereur. Tout est resté à la même place. Voilà le petit paravent destiné à protéger le lit contre le courant d'air de la porte. Ce paravent est formé avec des gravures découpées dans les journaux illustrés français et disposées avec un art ingénieux. Nous ne serions pas surpris que ce fût là une attention délicate du Prince Impérial pour que les regards de l'Empereur à son réveil, pussent se porter sur des portraits et des sujets relatifs à cette France dont le bonheur ne cessait d'occuper sa pensée.

Dans l'angle de la chambre, un lit plus élégant recouvert de rideaux de soie est dressé ; mais l'Empereur, dont les goûts étaient d'une grande simplicité, préférait son lit de camp, ce lit modeste en fer sur lequel il a rendu le dernier soupir.

Sur la table, près de la fenêtre, on voit encore le nécessaire de toilette de l'Empereur, et sur les rayons d'une armoire ouverte apparaissent les costumes militaires de l'Empereur, son chapeau de général et son képi de campagne.

Le jour où nous avons visité, les larmes aux yeux, cette chambre aujourd'hui historique, elle était littéralement remplie de violettes, sous mille formes diverses. Non-seulement le lit, mais les siéges, les tables, la cheminée étaient garnis de couronnes et de bouquets, chaque pélerin à Chislehurst ayant tenu à honneur de déposer une fleur dans cet appartement où tout rappelle le digne et illustre souverain que le monde admire et que la France regrette.

*
* *

En quittant la chambre de l'Empereur, on entre dans son cabinet de travail, où le même sentiment pieux a laissé subsister tous les objets dans le même état que lorsque Napoléon III venait y travailler. Sur le bureau, voilà les plumes dont il se servait, voilà les portraits de l'Impératrice et du Prince Impérial qu'il aimait à contempler, voilà dans une petite coupe les cigarettes qu'il avait l'habitude de fumer. Une petite bibliothèque renferme les livres que l'Empereur aimait à avoir sous la main. Nous y avons remarqué deux volumes brochés : *La vérité sur la campagne de* 1870, par M. Fernand Gireaudeau, et la *Comédie républicaine*, par M. Léonce Dupont.

Une toile non encadrée attire les regards ; c'est un portrait du Prince Impérial plutôt ébauché que terminé vu presque de profil. Nous remarquons aussi suspendus au mur quelques fusils et un grand nombre de petites miniatures de la famille Impériale. Une armoire en vieux chêne complète l'ameublement très-simple de ce cabinet de travail où les méditations de ce grand génie politique lui permirent certainement d'entrevoir dans un prochain avenir les espérances aujourd'hui en pleine éclosion.

De la chambre où est mort l'Empereur à la chapelle où il repose la distance est courte. La route s'ouvre à travers des prairies dans un paysage calme et silencieux. Rien de plus simple, de plus poétiquement religieux que cette petite église de Chislehurst, dont un lierre épais tapisse les vieilles murailles et qu'entoure un modeste cimetière, protégé lui-même par un mur de feuillage.

On sait que le tombeau de l'Empereur, don de S. M. la Reine d'Angleterre, repose dans une petite chapelle gothique qui vient d'être construite récemment comme annexe à l'église de Chislehurst. C'est là que des milliers de français sont venus pieusement s'agenouiller et adresser au ciel de ferventes prières, c'est là que nous sommes venus honorer la mémoire du Souverain qui fit la France si glorieuse et si prospère.

En se retirant, chacun arrache quelques feuilles aux verdoyants rameaux qui entourent l'église et les emporte précieusement comme un souvenir du pélerinage à la tombe de l'Empereur. Puissions-nous bientôt voir apparaître le jour béni où nous ramènerons en France les cendres de Napoléon III. Leur place est dans la chapelle des Invalides, près du tombeau du chef de la dynastie napoléonienne, et il y a moins loin entre Paris et Chislehurst qu'entre Paris et l'île de Sainte-Hélène.

CHAPITRE VI.

RETOUR DE CHISLEHURST. — CONCLUSION.

Quelqu'attrayant que fût le pélerinage à Chislehurst, et malgré la satisfaction profonde pour des cœurs français de pouvoir visiter cette villa de Camden-house et ses environs, auxquels se rattachent tant de souvenirs de l'Empereur et de la famille Impériale, il fallait songer au retour et affronter de nouveau les caprices de la mer.

Du reste, notré jeune Prince nous avait lui-même donné l'exemple de la reprise de nos occupations ordinaires en rentrant, dès le jeudi 19 mars, à l'école militaire de Woolwich, pour y poursuivre ses laborieuses études et se préparer, par une éducation militaire et scientifique exceptionnelle, à la glorieuse mission que la Providence lui réserve.

*
* *

Cependant, on ne pouvait se décider à quitter l'Angleterre sans avoir visité au moins quelques-uns des curieux monuments de Londres, et sans avoir essayé de pénétrer au cœur de cette population étrange qui offre de si saisissants contrastes et présente le spectacle de la plus sordide misére à côté de la plus éclatante richesse.

Donc, avec ou sans interprète, chaque groupe de touristes s'est dirigé, selon ses goûts, vers l'abbaye de Westminster, la cathédrale de Saint-Paul, le Musée britannique, les jardins de Kensington, les docks de Londres, l'Hôtel de la Monnaie. D'autres ont voulu voir la prison de Newgate, l'imprimerie célèbre du *Times* et la bibliothèque de Guidhal. Nous en connaissons qui, flanqués de plusieurs policemens et accompagnés d'un agent de la police secrète, n'ont pas craint de se hasarder dans les quartiers où les voleurs, les échappés de prisons et les plus habiles pickpockets ont établi leur quartier général, véritable Cour des Miracles où l'on voit des femmes en robes de soie et en chapeaux de velours donnant le bras à d'autres femmes à peine couvertes de güenilles affreuses.

*
* *

Parmi les monuments qui nous ont le plus intéressés, nous citerons le palais de cristal qui s'élève sur les hauteurs de Sydenham et a plus d'un kilomètre de développement. Rien de plus curieux que cette cage gigantesque entièrement construite en fer et en verre, et qui renferme mille et une curiosités. Le coup d'œil de la grande nef avec ses massifs, ses arbustes de tous les climats, ses statues, ses colonnes de verdure, ses restaurants, ses expositions les plus variées offrent un spectacle féerique.

*
* *

Une autre curiosité que les touristes ne man-

quent jamais de visiter à Londres est la galerie
de figures de cire de Mme Tussaud dans Port-
land square. Il y a là, on peut dire, tous les
personnages importants du monde, représentés
en costume et presque tous ressemblants. Ces
personnages qui ont véritablement l'apparence
de la vie et semblent prêts à parler, sont grou-
pés, les uns debout, les autres assis comme s'ils
se trouvaient dans un salon et l'illusion est par-
fois très-grande. Par exemple, on ne s'est pas
toujours préoccupé de savoir si les personnes
qu'on rapproche ainsi étaient sympathiques les
unes aux autres. Ainsi dans l'angle du premier
salon, nous avons remarqué trois personnages
en redingote noire semblant causer ensemble.
C'était le maréchal de Mac-Mahon, M. Thiers
et le maréchal Bazaine.

Tout près, sur une plate-forme, on voit S.
M. l'Impératrice et devant elle le Prince Impérial dans son costume de *cadet* de l'Ecole militaire de Woolwich. Par exemple nous ne par-
donnerons jamais à l'organisateur du musée
Tussaud d'avoir placé sur la même plate-forme
et, tout près du fauteuil de l'Impératrice, ce
personnage funeste qu'on nomme le général
Trochu. L'Impératrice, il est vrai, tourne la
la tête de l'autre côté par un sentiment qu'on
devine aisément, lorsqu'on se souvient de sa
lettre à la princesse Murat ; néanmoins le visi-

teur éprouve un sentiment pénible de voir là,
près de la souveraine, ce « soldat catholique et
breton, » qui à l'heure du péril et du devoir,
passa devant les Tuileries sans y entrer. Qu'on
le relègue ailleurs, bien loin, bien loin, le plus-
loin possible.

*
* *

Enfin l'heure du départ est venue et nous
voilà de nouveau dans la gare de Charing-Cross
prenant le train de Londres à Folkestone. Les
voyageurs français sont nombreux, et nous
avons la chance de trouver place dans un wagon, à côté de M. Janvier de la Motte et de ses
fils MM. Louis et Ambroise Janvier de la Motte
qui tous les trois ont reçu à Chislehurst, de la
part de l'Impératrice et du Prince Impérial,
l'accueil le plus sympathique, précieuse ré-
compense d'un dévouement sincère à la cause
napoléonienne.

Le train file rapidement, faisant passer sous
nos yeux les villages anglais avec leurs cons-
tructions uniformes. D'élégantes maisons de
campagne nous apparaissent de temps à autre
avec leurs jardins et leurs parcs. Tout cela est
correct et admirablement soigné ; mais il y
manque notre beau soleil de France.

Bientôt le train passe devant la station de
Chislehurst sans s'arrêter, et chacun s'élance

à la portière pour saluer encore une fois la résidence de la famille Impériale jusqu'au jour où la grande voix de la France se fera entendre pour le bonheur de tous.

*
* *

A Folkestone, on descend de wagon et l'on traverse la gare pour arriver au quai où stationne, sous vapeur, le bateau qui doit nous transporter à Boulogne. Ces bateaux, beaucoup plus forts que ceux de la ligne de Calais, sont aussi plus confortablement installés.

Bien que la journée soit froide et l'air trèsvif, on compte sur une traversée assez bonne. En attendant, et comme mesure de précaution, les voyageurs, même les voyageuses, s'empressent de se lester avec un verre de brandy (lisez cognac), et l'on fait sa toilette de bord, c'est-à-dire que les hommes revêtent le paletot avec capuchon qui protége la figure contre les vivacités de la brise de mer, les dames s'enveloppent de pelisses et de fourrures. On allume les cigares et en route pour la France.

La traversée de Folkestone à Boulogne plùs longue que celle de Calais à Douvres prend deux heures et quart. C'est bien court lorsqu'on n'a rien à démêler avec les tracasseries de Neptune ; mais c'est un siècle lorsqu'on se trouve dans cette situation inquiétante si bien décrite dans le *Voyage en Chine*. Notre bateau, vaillant marcheur, tenait admirablement la mer, néanmoins on sentait bien que nous traversions la phase toujours fort agitée de l'équinoxe, et il fallait avoir le pied solidement marin pour conserver son équilibre sur le pont.

Aussi, ce fut avec un sentiment unanime de satisfaction que l'on approcha de Boulogne et qu'on mit le pied sur la passerelle. A ce moment tout le monde était bien valide, et chacun se fit un plaisir de donner son nom au contrôleur de service chargé de dresser la liste des arrivants. C'est la formalité qui a remplacé le passeport.

*
* *

Nous étions à Boulogne, nous étions en France, notre voyage était accompli et heureusement terminé. Aucun de nous n'oubliera cette visite d'affection et de fidélité aux hôtes augustes de Chislehurst. Nous en rapportions des sentiments de confiance et d'espoir dans la réalisation de nos vœux. L'étoile des Napoléon monte et se dégage des nuages pour briller de nouveau sur la France. L'heure viendra !

FIN.

Angers, imp. de Lainé frères, rue St-Laud, 9.

OUVRAGES DE M. FÉLIX RIBEYRE

Membre de la Société des Gens de Lettres et de plusieurs Sociétés savantes,
Chevalier de l'Ordre de Charles III d'Espagne.

Éditeurs : E. Lachaud, Henri Plon , E. Dentu, Victor Palmé, Eug. Pick, etc.

1° **Les Grands Journaux de France**, Revue historique et biographique de la presse parisienne (en collaboration avec M. Jules Brisson). Un fort vol. de 500 pages grand in-8°. — 1862-1863

2° **L'Empereur et l'Impératrice en Auvergne**. — *Récit du voyage de Leurs Majestés dans le centre de la France*. — Un vol. de luxe de 300 pages grand in-8°. — 1863.

3° **Histoire de la Guerre du Mexique**, rédigée d'après les documents officiels. — Un beau volume grand in-8° (2ᵉ édition). — 1863.

4° **Biographie des Députés**. — *Revue biographique complète de tous les membres du Corps législatif* — Un vol. in-12 de 300 pages. — Imprimerie Walder .3ᵉ édition). — 1866.

5° **Voyage en Lorraine de S. M. l'Impératrice et de S. A. le prince Impérial**, précédé du *Voyage de l'Impératrice à Amiens*. — Vol.-album in fol., édité par Henri Plon. — 1867.

6° **Histoire de la seconde Expédition française à Rome** — Un beau vol. in-8°. — E. Pick de l'Isère — 1868 (2ᵉ édition).

7° **Histoire des Petites Sœurs des Pauvres**. — Histoire complète de l'œuvre fondée par l'abbé Le Pailleur en France, en Angleterre, en Belgique, en Espagne, en Suisse, en Amérique et en Afrique. — Un vol. in-12 2ᵉ édition). Edité par Victor Palmé — 1869.

8° **Les Annales de l'Exposition maritime du Havre**. — Un fort vol. de 300 pages in-8° illustré. — 1869

9° **La Vie d'un Poète normand**. — Léon Buquet. — In-8°. — 1868.

10° **Voyage de S. M. l'Impératrice en Corse et en Orient**. — Un beau vol. avec portrait, grand in-8° — Eug Pick, éditeur.

11° **Biographie des Représentants à l'Assemblée nationale**. — Un beau vol. in-12 de près de 400 pages. — E. Lachaud. éditeur, 1872 (2ᵉ édition). — Prix : 1 fr. 50.

12° **Le 16 Mars**. (*D'Angers à Chislehurst*). — Une broch. in-8. — 1874.

IMP. LAINÉ FRÈRES.

www.ingramcontent.com/pod-product-compliance
Lightning Source LLC
Chambersburg PA
CBHW061308050726

47594CB00004B/1597